I.G Bush

Como Orar a Dios

I.G Bush

Como Orar a Dios

Oraciones con sentido

CREDO EDICIONES

Imprint
Any brand names and product names mentioned in this book are subject to trademark, brand or patent protection and are trademarks or registered trademarks of their respective holders. The use of brand names, product names, common names, trade names, product descriptions etc. even without a particular marking in this work is in no way to be construed to mean that such names may be regarded as unrestricted in respect of trademark and brand protection legislation and could thus be used by anyone.

Cover image: www.ingimage.com

Publisher:
CREDO EDICIONES
is a trademark of
International Book Market Service Ltd., member of OmniScriptum Publishing Group
17 Meldrum Street, Beau Bassin 71504, Mauritius

Printed at: see last page
ISBN: 978-620-2-47895-3

Como Orar a Dios

I. Bush

Lucas 11:1

Reina Valera 1909

Y ACONTECIO que estando él orando en un lugar, como acabó, uno de sus discípulos le dijo: Señor, enséñanos a orar, como también Juan enseñó a sus discípulos.

Tabla de Contenido

Enséñame a Orar

Cuántas veces hemos sentido la profunda necesidad de hablar con nuestro Padre, ya sea para desahogarnos, para hacerle cierta petición, o para contarle algo que nos perturba profundamente; y nos encontramos que, al ponernos delante de su presencia, simplemente no encontramos las palabras precisas para hablar con Él. Tenemos el deseo de decirle tantas cosas, y cuando llega el momento parece que nuestra mente estuviera en blanco.

Esto sucede porque los sentimientos se piensan en el corazón, y cuando vamos a hablar con nuestro Padre, debemos hablarle desde allí, porque Él no va a prestar mucha atención a lo que dices, sino, a lo que realmente sientes, y si separas los pensamientos del corazón, para en ese momento empezar a razonar, quedas en blanco. Por eso no debemos pensar en lo que debemos decir, solo desahoguémonos como ante el mejor amigo, guía, psicólogo, maestro y padre, que podamos encontrar.

Oración Modelo

El Padre Nuestro

Lucas 11:1-4 Reina Valera (1909)

1 Y ACONTECIO que estando él orando en un lugar, como acabó, uno de sus discípulos le dijo: Señor, enséñanos a orar, como también Juan enseñó a sus discípulos.

2 Y les dijo: Cuando orareis, decid: Padre nuestro que estás en los cielos; sea tu nombre santificado. Venga tu reino. Sea hecha tu voluntad, como en el cielo, así también en la tierra.

3 El pan nuestro de cada día, dánoslo hoy.

4 Y perdónanos nuestros pecados, porque también nosotros perdonamos a todos los que nos deben. Y no nos metas en tentación, mas líbranos del malo.

Jesús nos dejó un modelo sobre lo que deberíamos decirle a Dios de manera general y conjunta, ahora veamos la presentación delante de Dios, de manera individual, de esta oración.

1. Padre nuestro que estás en los cielos: Debemos reconocer que Él es nuestro Padre, y que nuestra ayuda proviene directamente de Él, quien se encuentra en el cielo, y no de humanos ni de imágenes.

2. Sea tu nombre santificado: No invocar a otros “dioses”, por eso primero debemos reconocer que nos debemos dirigir al Padre, que mora en los cielos, y mencionar, es decir, santificar el nombre de Él, y de ningún otro.

3. Venga tu reino: Aquí declaramos que nos sujetamos a su soberanía.

4. Sea hecha tu voluntad: Ya aceptamos su soberanía sobre nosotros, por eso le debemos decir que aceptamos su voluntad, y respuesta a la petición que vamos a realizar.

5. Como en el cielo, así también en la tierra: Pedimos con nuestro espíritu a nuestro Dios que es un Espíritu, y el decide en el cielo, sí o no, cuando y como se manifestará en la tierra, por eso al aceptar su soberanía, continuamos diciéndole que según lo que decida en el cielo, sea manifestado en la tierra; esa petición Dios la contestará espiritualmente, para luego materializarla en la tierra.

6. El pan nuestro de cada día, dánoslo hoy: Aquí solicitamos que nos provea de todo cuanto necesitemos, para no preocuparnos por el mañana, note que dice el pan década día, dánoslo hoy. Todo junto.

7. Y perdónanos nuestros pecados, porque también nosotros perdonamos a todos los que nos deben: Aquí se relaciona pecado con deuda.

Nosotros no perdonamos pecados porque el que juzga es Dios, nos cometemos falta los unos a los otros por eso quedamos en deuda con el hermano, por esta razón le pedimos a Dios que perdone nuestros pecados (Él es el juez y perdonador) como nosotros perdonamos las deudas, (faltas que cometemos los unos contra los otros), al aceptar la retribución de esa deuda.

Deuda: Obligación que tiene una persona de pagar o devolver una cosa. Cuando pecamos, herimos a otro con acción o palabra (asesinato, adulterio, robo, calumnia, etc.). Nosotros no podemos borra el dolor e impacto causado en esa persona solo con pedir perdón, eso lo hace Dios en su tiempo, pero si podemos pagar la deuda devolviendo algo, el adultero volviendo a casa y siendo fiel, los que hurtan devolviendo el bien, etc., por eso dice la Biblia, que Dios perdona nuestros pecados, y nosotros perdonamos a nuestros deudores; los que pecaron contra Dios, al infringir sus leyes (pecadores), y nos quitaron algo a nosotros, la dignidad, la paz, algún bien, etc. (deudores).

Mateo 18 Reina Valera 1909

15 Por tanto, si tu hermano pecare contra ti, ve, y redargúyele entre ti y él solo: si te oyere, has ganado a tu hermano.

Cuando un hermano peca contra ti, significa que realizó un acto que te hirió, por ejemplo, pudo ser una ofensa. Pecar es herrar al blanco. Se supone que debemos vivir en paz y armonía los unos con los otros (salmo 133:1). Cuando hacemos las paces, hemos perdonado esa deuda, porque ese hermano nos había quitado algo, nuestra paz, nuestra buena reputación, nuestra dignidad, etc. Pero el pecado en sí, llámese calumnia, chisme, murmuración, mentira; es una falta directa a las leyes de Dios, no a nuestras leyes; por ejemplo, las normas de tránsito son dictaminadas por las autoridades competentes, si alguien viola una y ocasiona un accidente, y muere un individuo, el que violó la norma quedó en deuda con la familia de la víctima porque le quitó algo, en este caso sería a un miembro de esa familia, un ser querido; pero las autoridades competentes, son las encargadas de judicializarle y decidir si va a prisión o paga una multa, no es la familia la que toma esa decisión sino la autoridad. Dios como Soberano universal, estipuló sus normas y dictaminó que es pecado, y es el único que tiene el derecho de juzgar, eximir, o perdonar o no a un individuo. Nosotros perdonamos deudas y Dios pecados.

8. Y no nos metas en tentación, mas líbranos del malo:

Texto original griego: ῥῦσαι ἀλλὰ πειρασμόν (entregar allá tentación)

Traducción al inglés: but deliver us from temptation

Traducción al español: Pero líbranos de la tentación.

El libro de Santiago dice claramente que con cosas malas Dios no somete a prueba a nadie, aquí Jesús nos enseñó a pedirle al Padre que no nos soltara la mano para que no cayéramos, o no nos metiéramos en situaciones que provocaran en nosotros tentación. También nos quiere decir que, así como nosotros perdonamos a nuestros deudores, que El en su Soberanía nos perdone nuestros pecados, y que no nos entregue al mal después de perdonarnos, que más bien nos perdone y nos libre del maligno, en palabras más simple: como perdonamos, perdónanos y no nos mandes al infierno.

La Petición

Lucas 11: 8 Os digo que, aunque no se levante a darle algo por ser su amigo, no obstante, por su importunidad se levantará y le dará cuanto necesite. 9 Y yo os digo: Pedid, y se os dará; buscad, y hallaréis; llamad, y se os abrirá. 10 Porque todo el que pide, recibe; y el que busca, halla; y al que llama, se le abrirá.

¿Para qué oramos?

Como nos enseña el texto anterior, en la oración:

Se pide (tenemos necesidades)

Se busca (queremos hallar, consuelo, solución, paz, sanación, etc.)

Se llama (necesitamos ser escuchados y atendidos)

¿Qué resultado produce la oración? El mismo texto nos responde:

1. El que pide, recibe: Recibimos lo que necesitamos, que muchas veces no será lo que queremos, pero nuestro Padre en su infinita misericordia sabrá lo que es mejor para nosotros.

2. El que busca, halla: Hallaremos consuelo, protección, sanidad, paz, fortaleza, justo lo que necesitemos en ese momento.

3. Al que llama, se le abrirá: Se abren las puertas correctas para nuestras bendiciones.

Ejemplos de Oraciones

El siervo de Abraham (específica)

Génesis 24

12 Entonces el siervo dijo: «Oh SEÑOR, Dios de mi amo Abraham, haz que me vaya bien hoy. Sé bondadoso con mi amo Abraham hoy. 13 Estoy de pie frente a la fuente y las mujeres del pueblo están saliendo a buscar agua. 14 Voy a decirle a una de ellas: "Por favor, baje su cántaro para que yo pueda beber", haz que la que me responda: "¡Beba, y también le daré agua a sus camellos!", sea la mujer que tú has elegido para tu siervo Isaac. Así sabré que has mostrado tu fiel amor a mi amo».

Nota: Esta fue una oración específica, con un objetivo específico: Encontrarle una esposa a Isaac. Pero dentro de ese objetivo, se trazaban unas pautas muy puntuales:

1. La mujer debía ser de la tierra que vio nacer Abraham, Ur. (Rebeca vivía en Aram Najarayin, tierra donde vivía Nacor, hermano de Abraham).

2. Debía ser creyente del Dios de Abraham, por eso no debía ser cananea, quienes adoraban otros dioses.

3. Ella debía aceptar dejar su tierra natal, y decidir venir a vivir a la tierra que Dios le había prometido a Abraham.

Esta oración, al parecer corta y con poca profundidad, encierra en realidad un profundo mensaje, de fe, lealtad y confianza.

Abraham (la Fe)

Génesis 24 (PDT)

3 Quiero que me prometas ante el SEÑOR, Dios del cielo y de la tierra, que no vas a elegir una esposa para mi hijo de entre las hijas de Canaán, entre quienes vivimos. 4 Prométeme que vas a ir a mi país, mi tierra natal, y allá vas a conseguir una esposa para mi hijo Isaac.

7 El SEÑOR, Dios del cielo, me sacó de la casa de mi papá y de mi tierra natal y me trajo aquí. Allá era el hogar de mi papá y de mi familia, pero Dios me prometió que esta nueva tierra le iba a pertenecer a mi familia.

Abraham era un hombre que llevaba arraigada aquella lejana promesa que Jehová Dios le había hecho en el pasado, en la cual Dios le prometió, que el territorio de Canaán, sería la heredad de su descendencia. "Él te va a mandar un ángel para que tú puedas elegir allá una esposa para mi hijo". Abraham tiene fe en que Dios dirigiría los pasos de su siervo, y le proporcionaría la mujer correcta a su hijo Isaac.

El siervo (la lealtad)

Génesis 24

12 Entonces el siervo dijo: «Oh SEÑOR, Dios de mi amo Abraham, haz que me vaya bien hoy. Sé bondadoso con mi amo Abraham hoy. 13 Estoy de pie frente a la fuente y las mujeres del pueblo están saliendo a buscar agua. 14 Voy a decirle a una de ellas: "Por favor, baje su cántaro para que yo pueda beber", haz que la que me responda: "¡Beba, y también le daré agua a sus camellos!", sea la mujer que tú has elegido para tu siervo Isaac. Así sabré que has mostrado tu fiel amor a mi amo».

Nota: El siervo de Abraham, fue un hombre que demostró su lealtad a Abraham, mediante esta corta, pero significativa oración.

1. Oh SEÑOR, Dios de mi amo Abraham: El siervo, le ora con fe a un Dios que no era su Dios, porque el mismo lo llama, "Dios de mi amo". Lo hace por lealtad a Abraham.

2. Sé bondadoso con mi amo Abraham hoy: El siervo al cual Abraham encomendó una tarea tan importante, la de conseguirle una esposa a su único heredero; siempre pensó en el bienestar de su amo, y sabia lo importante que era aquella comisión para

la familia de Abraham, el no pidió favor para el mismo, más bien suplicó al Dios de su amo, que fuera bondadoso con Abraham.

3. Así sabré que has mostrado tu fiel amor a mi amo: El siervo leal, pide al Dios de su amo Abraham, que le responda con una señal, y así demostraría cuanto ama Dios a Abraham.

4. Génesis 24:1 Abraham era ya muy viejo, y el SEÑOR lo bendijo por todo lo que hizo. 2 Abraham llamó a su siervo más antiguo, el que estaba encargado de todas sus posesiones.

Abraham no escogió a este siervo al azar, nótese que era el más antiguo, y además el encargado de todas las posesiones, era el administrador de la casa de Abraham, y Abraham le conocía y confiaba en su lealtad.

Génesis 24

15 Entonces, antes de que el siervo terminara de orar, una muchacha llamada Rebeca, se acercó a la fuente. Ella era la hija de Betuel, el hijo de Milca, la esposa de Najor, el hermano de Abraham.

"Antes de que el siervo terminara de orar"

Dios no se fija en las muchas palabrerías, Él ve lo que hay en nuestro corazón, ya esa oración, esta petición, había sido contestada a Abraham, por eso antes de que el siervo terminara de orar, Rebeca, la mujer escogida por Dios, estaba frente a él; recordemos que el mismo Abraham en el verso 7 dice "Él te va a mandar un ángel para que tú puedas elegir allá una esposa para mi hijo".

Recordemos:

En la oración:

1. Se pide

Pedir: Rogar a alguien que dé o haga una cosa:

Abraham antes de enviar a su siervo, ya había pedido a Dios una esposa para su hijo Isaac, ya había puesto esa petición en manos de Dios, por eso pudo decir con total confianza que el mismo Dios enviaría un ángel.

2. Se busca

Buscar: Intentar localizar o encontrar

Como empieza el capítulo 24 "Abraham era ya muy viejo", el pidió una esposa para su hijo Isaac, para la perpetuación de su familia, pero él no podía ir a buscarla, por eso buscó a su siervo de confianza, y le envió a buscar, aquello que con antelación había pedido. Esto nos enseña que tras pedirle algo a Dios, prosigue la acción. Pides por un trabajo, luego ve y reparte las hojas de vida, pides por sanación, ve y cuida tu salud.

3. Se llama

Llamar: Dar voces o hacer señales para atraer la atención de una persona o animal.

Aquí se refiere a la insistencia, hacer señales para atraer la atención, esto es a lo que se refiere Lucas 11:8 cuando dice "por su importunidad se levantará y le dará cuanto necesite". Llamar, dar voces, llamar la atención, orar constantemente, con fe, hasta que obtengas lo que necesites.

26 El siervo se inclinó y adoró al SEÑOR. 27 Dijo: «Bendito sea el SEÑOR, Dios de mi amo Abraham, quien le ha mostrado su fiel amor y lealtad a mi amo, y así el SEÑOR me ha llevado hacia la casa de los parientes de mi amo».

Aquí continuamos observando la lealtad de este siervo. "Bendito sea el SEÑOR, Dios de mi amo", "quien le ha mostrado su fiel amor y lealtad a mi amo".

Aquí terminamos viendo no solo la lealtad del siervo, sino la lealtad del mismo Dios. Dios promete, Dios cumple, sólo se necesita fe, y demostrar esa fe actuando en conformidad.

Rebeca (la confianza)

50 Labán y Betuel respondieron:

—Vemos que esto viene directamente del SEÑOR así que no tenemos nada que decir. 51 Aquí está Rebeca, tómala y vete. Haz que se case con el hijo de tu amo para obedecer la palabra del SEÑOR.

58 Llamaron a Rebeca y le preguntaron:

—¿Quieres irte con este hombre?

Ella respondió:

—Sí, iré.

Aquí se nos enseña sobre la confianza. Los hermanos de Rebeca creyeron que las señales habían sido respondidas por Dios al siervo, alguien a quien nunca habían visto y que simplemente pudo mentirles. Rebeca al aceptar ir, también creyó que todo estaba dentro del plan divino.

Cuando deseamos algo de Dios, debemos pedirlo con fe, actuar en conformidad, y suplicar hasta que Dios efectué su voluntad. Dios se encarga de las conexiones, de mover cada pieza y de abrir los caminos.

59 Entonces dejaron que Rebeca y la mujer que siempre la había cuidado se fueran con el siervo de Abraham y sus hombres. 60 La familia de Rebeca la bendijo de esta manera:

«Hermana nuestra,

¡que seas madre de millones! ¡Que tus descendientes conquisten las ciudades de sus enemigos!»

66 El siervo le contó a Isaac todo que le había pasado. 67 Después Isaac llevó a Rebeca a la carpa de Sara, su mamá, y se casó con ella. Isaac amó a Rebeca y así se consoló de la muerte de su mamá.

Rebeca confió que Dios era quien dirigía sus pasos, Rebeca creyó no sólo que ella era la mujer escogida por Dios para Isaac, sino que Isaac era el escogido por Dios para ella, y esa confianza fue premiada porque ella recibió una bendición antes de irse: "Que tus descendientes conquisten las ciudades de sus enemigos", y lo más importante, el verso 66 dice "Isaac amó a Rebeca". No hay nada más hermoso que un matrimonio con amor, y la confianza de Rebeca en Dios fue premiada, ya que Isaac la amó desde el primer instante.

Cuando pedimos a Dios con fe (Abraham), actuamos en conformidad y lealtad (El siervo), y confiamos en su buena provisión y guía (Rebeca), somos bendecidos y obtenemos mucho más de lo que esperamos.

Cuando No Sabemos Pedir

Muchas veces nos empeñamos en pedirle a Dios lo que nosotros deseamos, y no nos detenemos a preguntarle si esa es su voluntad, y nos desgastamos, por ejemplo, pidiendo por una persona específica para conyugue, recordemos que Abraham especificó, que la esposa para Isaac fuera una hija de su familia, adoradora de Dios, y que accediera dejar su tierra natal y viniera a vivir con Isaac. Abraham no dio un nombre a su siervo. Es cierto que quisiéramos casarnos con el hombre o la mujer que nos gusta, pero es aconsejable que cuando se pida por conyugue, no se coloque nombre a la oración, más bien seamos sabios como lo fue Abraham, y pidámosle a Dios que sea Él quien nos ayude a escoger a esa persona, pudiéndole especificar como lo hizo Abraham, las características y cualidades que deseamos tenga ese par nuestro.

Mis recomendaciones particulares, basada en mi propia experiencia, y ejemplos bíblicos; no es recomendable pedir con nombre propio, quiero a tal hombre o a tal mujer por esposo o esposa, o quiero trabajar en tal o x empresa, más bien pidamos a Dios, creyendo que Él es más sabio que nosotros, y toma mejores decisiones, confiando en que, Él sabe que es lo que necesitamos y lo que más nos conviene; pidámosle que guie nuestros pasos, y conceda los deseos de nuestro corazón, basado en su sabiduría y no en nuestros deseos, recordemos lo que dice Jeremías 10:23

Reina Valera 1909

Conozco, oh Jehová, que el hombre no es señor de su camino, ni del hombre que camina es ordenar sus pasos.

También leemos palabras muy sabias en el libro de proverbio

Proverbio 16:9

La mente del hombre planea su camino, pero el SEÑOR dirige sus pasos.

Proverbio 3:6

Reconócele en todos tus caminos, y El enderezará tus sendas.

Nosotros planeamos muchas cosas, y no todas nos resultan, pero si antes de planear, involucramos a Dios en nuestros planes, y dejamos que sea El quien dirija nuestros pasos; tengamos la plena seguridad que El alineará todo camino, abrirá las puertas que sean necesarias, y enderezará las sendas para que lleguemos a la meta trazada con éxito. Como el ejemplo expuesto un matrimonio amoroso y adecuado, como lo fue el de Isaac con Rebeca.

Conclusión: Dios escoge lo mejor y lo que será de bendición para nosotros, escogió la esposa adecuada para Isaac, escogió el territorio de bendición para Abraham, escogió el esposo para María, el territorio que ocuparía cada tribu de Israel, la profesión de José después de que Potifar lo envió a la cárcel. En base a estos ejemplos, haz a tu amoroso Padre tu petición, dile que es lo que deseas, si es un conyugue que sea alguien que te amé y le ame a Él; si es una ciudad donde vivir, que sea una en la cual tú serás bendecido; si es un empleo, que sea uno donde se te trate con dignidad, seas bien remunerado y que no le robe tiempo a Dios. Nuestro Padre conoce las necesidades de cada uno, y siempre quiere lo mejor para nosotros.

Declaraciones Contrarias a lo que Deseamos

"No declaremos lo que vemos sino lo que deseamos ver"

Muchas veces cometemos el error, de orar declarando cosas negativas, sobre nuestros hijos, nuestro matrimonio, sobre nuestro trabajo, sobre nuestras circunstancias.

Y nos vemos orando de la siguiente manera:

Caso 1: Señor por favor haz algo con mi hijo porque es un grosero, no hace caso, pasa en la calle, tiene malas amistades, está usando drogas, etc.

Caso 2: Señor ayúdame ya no soporto más a este hombre, mi esposo es un alcohólico, me golpea, me dice palabras hirientes, me desprecia, ya no me quiere, se la pasa borracho, quiere estar de cantina en cantina, no hace más que salir con sus amigas, etc.

Caso 3: Señor por favor ayúdame, estoy cansado, no tengo paz, siento que nadie me quiere, todos me han dado la espalda, todo me sale mal, esta situación es muy difícil, etc.

Entonces las declaraciones y afirmaciones que estamos haciendo con nuestras oraciones, se convierten en decretos negativos, que, en vez de ayudar, empeoran la situación:

Decreto 1: xx es un: Grosero, no me hace caso, pasa en la calle, tiene malas amistades, está usando drogas, etc.

Decreto 2: xx es un: Alcohólico, maltratador, me desprecia y me hiere, no me quiere, no me dedica tiempo, pasa todo el tiempo con sus amigas.

Decreto 3: xx estoy: Cansado, no tengo paz, nadie me quiere, todos me han dado la espalda, todo me sale mal, la vida es muy difícil.

Nota: No se colocan las palabras, hijo, esposo, yo, en los decretos, para evitarnos ataduras o a nuestros seres queridos. Después de leer estos tres ejemplos, cancélelos.

Mateo 15:11

La Biblia de las Américas

No es lo que entra en la boca lo que contamina al hombre; sino lo que sale de la boca, eso es lo que contamina al hombre.

Como notamos, debemos tener mucho cuidado cuando oramos, cuando decretamos, cuando declaramos, cuando pedimos, no vaya a ser, que en vez de mejorar la situación la empeoremos. En vez de orar de la manera anterior, se recomienda que “no declaremos lo que vemos sino lo que deseamos ver”, aunque estés viviendo una situación contraria, declara lo que quieres que sea, como si ya fuese.

Caso 1: Señor te doy gracias por mi hijo, gracias porque sé que estás haciendo día a día la obra en él, cada día está más amable y amoroso, es un niño respetuoso y cordial, dedicado a sus estudios, respetuoso de tus leyes, de sanas costumbres. Gracias señor porque has bendecido mi vientre y este hijo es una bendición.

Caso 2: Señor Gracias por este esposo que me has otorgado, es un hombre de sanas costumbres, amoroso, fiel, leal, respetuoso de tus leyes, que valora y tiene en gran estima nuestro matrimonio, es un gran proveedor y colaborador en el hogar, gracias Señor por este bendecido hogar.

*Recuerda: “declara lo que quieres que sea, como si ya fuese”

Caso 3: Señor gracias porque tu misericordia es nueva cada día, gracias porque eres mi ayudador y pronto auxilio, quien me da paz y descanso, gracias porque siempre cuento contigo y tu favor, tu gracia y protección me acompañan a donde voy. Gracias porque tu bendices mi entrada y mi salida.

En esta ocasión, oramos afirmando y declarando lo que deseamos suceda con nuestro hijo, nuestro conyugue y nuestra vida, y así decretamos bendiciones sobre cada circunstancia que deseamos cambiar, esta vez con un resultado positivo.

Así con las tres oraciones anteriores, lo que decretamos fue lo siguiente:

Decreto 1: Mi hijo es: Seguidor de Cristo, amable, amoroso, respetuoso, cordial, dedicado a sus estudios, respetuoso de las leyes de Dios, de sanas costumbres, una bendición.

Decreto 2: Mi esposo es una bendición, un hombre de sanas costumbres, amoroso, fiel, leal, colaborador, proveedor, respetuoso de las leyes de Dios, valora y tiene en gran estima nuestro matrimonio.

Decreto 3: Soy una persona feliz y agradecida, porque Dios me extiende sus misericordias cada día, es mi ayudador y pronto auxilio, quien me da paz y descanso, su favor, gracia y protección me acompañan a donde voy. Dios bendice mi entrada y mi salida.

Recordemos entonces que para bien o para mal, cada oración que hacemos es un decreto que estamos lanzando al universo.

Peligros Concedidos

Ejemplo 1: Años de más a un rey moribundo.

Sagradas Escrituras (1569) 2 Reyes 20:

1 En aquellos días cayó Ezequías enfermo de
muerte, y vino a él Isaías profeta hijo de Amós, y le
dijo: El SEÑOR dice así: Dispón de tu casa, porque
has de morir, y no vivirás. 2 Entonces volvió él su
rostro a la pared, y oró al SEÑOR, y dijo: 3 Te
ruego, oh SEÑOR, te ruego que hagas memoria de
que he andado delante de ti en verdad y en corazón
perfecto; y que he hecho las cosas que te agradan. Y
lloró Ezequías con gran lloro. 4 Y antes que Isaías
saliese hasta la mitad del patio, vino palabra del
SEÑOR a Isaías, diciendo: 5 Vuelve, y di a
Ezequías, príncipe de mi pueblo: Así dice el
SEÑOR, el Dios de David tu padre: Yo he oído tu
oración, y he visto tus lágrimas; he aquí yo te sano;
al tercer día subirás a la Casa del SEÑOR. 6 Y
añadiré a tus días quince años, y te libraré a ti y a
esta ciudad de mano del rey de Asiria; y ampararé
esta ciudad por amor de mí, y por amor de David mi
siervo. 7 Y dijo Isaías: Tomad masa de higos. Y
tomándola, la pusieron sobre la llaga, y sanó.

Ezequías era rey de Israel, este estaba enfermo y Jehová al ver que el tiempo de su partida había llegado, le recomendó con el profeta Isaías que organizara todos los asuntos concernientes al palacio, y dejara todo en orden antes de su partida.

Se muestra que Ezequías lloró y no quiso aceptarlo, por eso suplico a Dios, así que Dios se compadeció y le otorgo 15 años más de vida. Pero notemos que sigue:

12 En aquel tiempo Merodacbaladán hijo de Baladán, rey de Babilonia, envió letras y presentes a Ezequías, porque había oído que Ezequías había caído enfermo. 13 Y Ezequías los oyó, y les mostró toda la casa de las cosas preciosas, plata, oro, y especiería, y el ungüento precioso; y la casa de sus armas, y todo lo que había en sus tesoros; ninguna cosa quedó que Ezequías no les mostrase, así en su casa como en todo su señorío. 14 Entonces el profeta Isaías vino al rey Ezequías, y le dijo: ¿Qué dijeron aquellos varones, y de dónde vinieron a ti? Y Ezequías le respondió: De lejanas tierras han venido, de Babilonia. 15 Y él le volvió a decir: ¿Qué vieron en tu casa? Y Ezequías respondió:

Vieron todo lo que había en mi casa; nada quedó en mis tesoros que no les mostrase.

Vemos aquí que Ezequías cometió una imprudencia, en realidad el no conocía a estos hombres y le mostró los lugares específicos donde se guardaban los tesoros del palacio.

16 Entonces Isaías dijo a Ezequías: Oye palabra del SEÑOR: 17 He aquí vienen días, en que todo lo que está en tu casa, y todo lo que tus padres han atesorado hasta hoy, será llevado a Babilonia, sin

quedar nada, dice el SEÑOR. 18 Y de tus hijos que saldrán de ti, que habrás engendrado, tomarán; y serán eunucos en el palacio del rey de Babilonia.

El Rey Ezequías, estaba tan contento por haber sido sanado, tenía nuevas fuerzas, tanto así que el mismo mostró a estos desconocidos los tesoros y secretos del reino, esto ocasionó que en el futuro se codiciaran estos bienes, y el pueblo fuera sometido al despojo. Si Ezequías hubiera aceptado la voluntad de Dios, quien en su infinita sabiduría y poder también es el dueño de los tiempos, aceptando organizar los asuntos de su casa, y así partir en paz; hubiera evitado que esa emanación de felicidad, le llevasen a cometer esa imprudencia, que ocasionó la destrucción de su reino.

Ejemplo 2: Las hijas de Lot

Sagradas Escrituras (1569)

Génesis 19

30 Pero Lot subió de Zoar, y se asentó en el monte, y sus dos hijas con él; porque tuvo miedo de quedar en Zoar, y se alojó en una cueva él y sus dos hijas. 31 Entonces la mayor dijo a la menor: Nuestro padre es viejo, y no queda varón en la tierra que entre a nosotras conforme a la costumbre de toda la tierra. 32 Ven, demos a beber vino a nuestro padre, y durmamos con él, y conservaremos de nuestro padre generación. 33 Y dieron a beber vino a su padre

aquella noche; y entró la mayor, y durmió con su
padre; mas él no supo cuándo se acostó ella, ni
cuándo se levantó. 34 El día siguiente dijo la mayor
a la menor: He aquí yo dormí la noche pasada con
mi padre; démosle a beber vino también esta noche,
y entra, duerme con él, y conservemos de nuestro
padre generación. 35 Y dieron a beber vino a su
padre también aquella noche; y se levantó la menor,
y durmió con él; y él no supo cuándo se acostó ella,
ni cuándo se levantó. 36 Y concibieron las dos hijas
de Lot, de su padre.

A las hijas de Lot se les ocurrió la descabellada idea de procrear con su padre, pensando que no encontrarían otro varón, en vez de confiar en que Dios las sacaría de allí y las llevaría a otro lugar para empezar una nueva vida, así como las salvó de la destrucción de Sodoma. Ellas habían visto a los ángeles, estaban allí cuando ellos les advirtieron que huyeran, pero decidieron tomar su propia decisión, pensando que era lo mejor. Esto fue un acto de incesto, o más bien una violación a su padre, como leemos fue sin su consentimiento, y este ni siquiera fue consciente de lo sucedido. Dios permitió que se realizará tan depravado acto, pero, ¿qué consecuencias trajo?

37 Y dio a luz la mayor un hijo, y llamó su nombre
Moab, el cual es padre de los moabitas hasta hoy.
38 La menor también dio a luz un hijo, y llamó su

nombre Ben-ammi, el cual es padre de los amonitas hasta hoy.

Los israelitas despreciaban a los moabitas y amonitas por las prácticas y costumbres corruptas que tenían, y por conocer el relato de su origen incestuoso. Estos dos pueblos eran adoradores de dioses falsos, adoptaron las costumbres y religiones cananeas, y fueron por algún tiempo enemigos de los israelitas.

Muchas veces le pedimos a Dios cosas que no nos convienen, que en vez de bendecirnos nos perjudicarían, e insistimos e insistimos hasta que Dios permite que tomemos nuestras propias decisiones, o permite que las cosas sucedan; no porque las apruebe ni sea lo mejor, sino porque al igual que Israel, somos a veces de dura cérvix, así que Dios se hace a un lado para que sigamos nuestro camino, obviamente terminamos con consecuencias desastrosas. Ya era el tiempo de Ezequías, ya había cumplido su ciclo, y contó con la bondad de Dios, más no la aceptó.

1. Dios le avisó de su próxima muerte, para que dejará todas las cosas en orden en su casa; sin embargo, Ezequías no aceptó lo que Dios en su sabiduría le decía, y debido a su llanto, Dios concedió su petición de no dejarle morir, y esto ocasionó el despojo de Israel.

2. Dios no contribuyó, ni ordenó a las hijas de Lot violar a su padre, ellas tomaron el camino incorrecto con la motivación equivocada. Sintieron la responsabilidad de perpetuar la raza humana cometiendo un acto depravado, creyendo que la motivación justificaría el acto. Muchas veces no esperamos que Dios responda nuestras oraciones, y nos apresuramos tomando decisiones incorrectas, justificándolas con motivaciones inapropiadas.

Reina Valera 1909

Proverbios 4:23

Sobre toda cosa guardada guarda tu corazón; Porque de él mana la vida.

Las motivaciones incorrectas nos llevan a tomar decisiones erradas.

Conque Intención lo Pides

La Biblia de las Américas

1 Samuel 16

7 Pero el SEÑOR dijo a Samuel: No mires a su apariencia, ni a lo alto de su estatura, porque lo he desechado; pues Dios ve no como el hombre ve, pues el hombre mira la apariencia exterior, pero el SEÑOR mira el corazón.

Dios ve la motivación del corazón, a Él no se le puede engañar, por eso antes de pedirle algo a Dios, examina tu corazón y ve si tienes la motivación correcta, o si tus intensiones son buenas. Dones, dinero, poder, un conyugue; ¿para que los quieres?, ¿cuáles son tus intenciones?, ¿qué harás con ello?

Quieres dones para que los demás te vean y exhibirte públicamente; quieres dinero para vivir una vida extravagante; quieres poder para someter y evitar ser sometido; quieres un conyugue porque deseas tener relaciones sexuales aprobadas. Recuerda, puedes engañar al hombre más a Dios jamás, por eso antes de pedirle algo, asegúrate que tengas la motivación correcta y que tus intensiones sean buenas.

Ayudas para Orar

Oraciones y Declaraciones Basadas en Textos Bíblicos

Dirección Pastoral (2 Crónicas 6:14)

Señor, Dios de Israel: ni en el cielo ni en la tierra hay un Dios como tú, que cumples tu alianza y muestras tu bondad para con los que te sirven de todo corazón; así como en el pasado realizaste pactos con los patriarcas, y aun con el Rey David hiciste pacto, el cual como palabra de Dios que no es hombre para mentir, cumpliste a cabalidad, hoy pongo delante de ti las promesas que me diste, cuando me hiciste el llamado para dirigir a tu pueblo. Tu prometiste: (Seguir declarando las palabras que Dios te dio personalmente cuando te hizo el llamado, según la visión que te dio a ti personalmente)

Te pido Señor que como le prometiste a tu siervo en el pasado en Josué 1:5, me des la victoria en cada batalla, y que tu presencia me acompañe en todos mis caminos. Dame la firmeza y el valor necesario para que ninguna persona o circunstancia sea causa de desánimo, más bien que tenga la plena confianza, que al ser tu escogido(a), tengo la certeza que tu estarás conmigo a donde vaya.

Agudiza Señor mi discernimiento, para anteponerme a las maquinaciones del maligno, cuando quiera obstruir el progreso de tu obra; Padre intensifica mi entendimiento, para que pueda dirigir a tu pueblo con sabiduría, tomando las decisiones correctas, para el bienestar de tus ovejas. Llena mi corazón de paz, porque no se puede dar lo que no se posee; y que tu amor y misericordia rebosen en mí, para que yo pueda transmitirles ese mismo sentimiento a los tuyos.

Petición de Conyugue (Génesis 2:18)

Padre Santo, amado y bueno, tú mismo en tu palabra dotada de sabiduría y misericordia, declaraste que no es bueno que el hombre continuara solo, por eso decidiste hacerle una compañera. Hoy te pido Señor, apelando a tu bondad y compasión, cambies mi circunstancia, así como aquel día en el jardín de Edén, tuviste un gesto de amor y bondad para con Adán, yo te pido lo tengas hoy conmigo, te acuerdes de mí, y me proveas de esa compañía, que sé, has creado para mí.

Mujer pidiendo redención tras fracaso matrimonial (Rut 1,2)

Que el SEÑOR tenga misericordia de mí. Que el SEÑOR me conceda hallar descanso en la casa de mi esposo.

Padre te ruego que me dejes ir al campo a recoger espigas en pos de aquel a cuyos ojos halle gracia, y que halle aquel que como Booz dijo a Rut, no vayas a espigar a otro campo; sino quédate en mi campo y cuando tengas sed, ve a las vasijas y bebe de mi agua. Todo lo que he hecho después del rechazo tú lo conoces en detalle, y sabes cómo dejé atrás mi pasado y vine a tu pueblo que antes no conocía y he permanecido fiel a ti. Que el SEÑOR recompense mi obra y que mi remuneración sea completa de parte del SEÑOR, Dios de Israel, bajo cuyas alas he venido a refugiarme. Sea bendito el nombre del SEÑOR, porque no ha rehusado su bondad a su sierva. Permite pues que el varón que tu escojas extienda pues su manto sobre tu sierva, y me redima como Booz redimió a Rut, y que yo entre en su casa como Raquel y Lea, las cuales edificaron la casa de Israel. Sea él también para mi restaurador de mi vida y sustentador de mi vejez.

Obediencia de Hijos (proverbios 6:20)

Padre celestial, amado y bueno, yo pongo en tus manos la vida de mi hijo, suplicándote Señor, que siempre guarde tus mandamientos y sea obediente a tu palabra; que sea presto para escuchar y sabio al contestar, ata señor su mente a tu mente y su corazón sea conforme a tu corazón. Dirige tú sus pasos para que ande por el camino correcto, y crea en el oh Dios un corazón dispuesto a escucharte, a obedecerte, a seguirte y a amarte.

Fidelidad matrimonial (hebreo 13:4)

Padre como tú mismo lo decretaste en hebreo 13:4, Sea el matrimonio honroso en todos, y el lecho matrimonial sin deshonra. Yo te suplico Señor en tu infinita bondad, sella estas palabras en el corazón de mi esposo(a), que estas palabras penetren sus entrañas como la estocada de espada de doble filo, y se fundan en su espíritu. Padre que yo continúe siendo su deleite como en la juventud, y que halle amor, placer, paz, dulzura y regocijo solo en mis brazos.

Alejar vicios

Droga (2 corintios 7:1)

Orar por otros

Padre Celestial que estas en las supremas alturas, te suplico que, en tu infinita bondad y misericordia, mantengas alejado de toda contaminación del cuerpo y del espíritu, a mis hijos, hermanos, esposo; tú has dicho en tu palabra padre, que nos mantengamos en el temor de Dios procurando alcanzar una completa santidad, por eso hoy te pido, que ni su espíritu, ni su alma, ni su carne sea corrompida con ningún tipo de prácticas que causen contaminación, Señor que tengan en alta estima el regalo de la vida, y que ciertamente cuiden su cuerpo como lo que es, nuestro templo sagrado.

Orar por nosotros mismos

Padre Celestial que estas en las supremas alturas, te suplico que, en tu infinita bondad y misericordia, me mantengas alejado de toda contaminación del cuerpo y del espíritu; tú has dicho en tu palabra padre, que nos mantengamos en el temor de Dios procurando alcanzar una completa santidad, por eso hoy te pido, que ni mi espíritu, ni mi alma, ni mi carne sea corrompida con ningún tipo de prácticas que causen contaminación a mi ser. Señor haz que yo tenga en alta estima el regalo de la vida, y que ciertamente cuide mi cuerpo como lo que es, el templo sagrado de Cristo.

Alcohol (Proverbios 20:1)

Padre Celestial, Tú has dicho en tu palabra que el vino es escarnecedor, la bebida fuerte alborotadora, y cualquiera que con ellos se embriaga no es sabio. Por eso hoy te pido que alejes ese vicio de todos los miembros de mi familia y de mi propia vida; ayúdanos a ser sabios. Matrimonios, hogares, y vidas han sido destruidas por este mal, por eso hoy yo te suplico, aléjalo de nosotros y evítanos por favor, todas esas consecuencias.

Pornografía (Salmo 101:3)

Orar por otros

Padre tu palabra dice sabiamente que No debemos poner cosa indigna delante de nuestros ojos, por eso te pido Señor que alejes todo vicio de pornografía de mi familia, mis hijos, mis hermanos y mi esposo; no permitas que coloquen nada inmundo frente a ellos, que como tú, odien lo malo y amen todo lo santo, que aborrezcan todo lo que corrompa su alma o su espíritu, y desechen todo lo perverso e inmundo que el maligno quiera colocar frente a ellos.

Orar por uno mismo

Padre tu palabra dice sabiamente que No debemos poner cosa indigna delante de nuestros ojos, por eso te pido Señor que alejes todo vicio de pornografía de mi vida; no permitas que yo coloque nada inmundo frente a mis ojos, que como tú, yo también odie lo malo y ame todo lo santo. Que mi ser aborrezca todo lo que pueda corromper mi alma y mi espíritu, y que yo deseche todo lo perverso e inmundo que el maligno quiera colocar frente a mis ojos.

Contra el Adulterio (Job 31:1)

Esposas pidiendo por sus esposos

Padre yo declaro que mi esposo no conocerá a mujer extraña, y que su deleite lo hallará siempre en mí. Yo declaro que al igual que Job, él hace un pacto con sus ojos, y no tendrá más amor que mi amor, más besos que mis besos, ni más caricias que mis caricias.

Esposo orando

Padre, al igual que Job yo hoy hago un pacto con mis ojos, ¿cómo podía entonces mirar a una virgen?, te pido me mantengas fiel a mi esposa, amándola, respetándola y cuidándola por el resto de nuestras vidas, y que yo halle deleite, amor, placer y paz solo en sus brazos.

Por la Santidad de solteros, hijos y jóvenes (Proverbios 5)

Oración por los jóvenes (varones)

Padre haz que mi hijo preste atención a tu sabiduría, e incline su oído a tu prudencia, para que guarde la discreción, el pudor y sus labios conserven el conocimiento. Que no se vaya tras mujeres extrañas que destilan miel, con palabras que corrompen la ingenuidad; aléjalas de su camino y que él considere la senda de la vida, para ser llevada en rectitud y santidad; Guarda por favor su sexualidad hasta el día de su boda, y que se mantenga en virtud y pureza hasta ese día.

Oración por las jóvenes (mujeres)

Padre haz que mi hija preste atención a tu sabiduría, e incline su oído a tu prudencia, para que guarde la discreción, el pudor y sus labios conserven el conocimiento. Que no se vaya tras falsas palabrerías del hombre inicuo, cuyas palabras corrompen la ingenuidad; aléjalos de su camino, y que ella considere la senda de la vida, para ser llevada en rectitud y santidad; Guarda por favor su sexualidad hasta el día de su boda, y que se mantenga en virtud y pureza hasta ese día.

Orar por uno mismo

Padre has que yo guarde tu palabra en mi corazón, y que esta no se aparte de mí, que yo no me acerque a las puertas de las casas de los extraños, y que mis oídos no presten atención a sus palabras, para que al final no me lamente. Aléjalos de mi camino, y que yo considere la senda de la vida, para ser llevada en rectitud y santidad; Guarda por favor mi sexualidad hasta el día de mi boda, y que yo me mantenga en virtud y pureza hasta ese día.

Petición de Trabajo (1Timoteo 5:18)

Padre, tú que eres el Dios de las tiernas misericordias, hoy clamo a ti, recordando de tu palabra, el texto que dice “El obrero es digno de su salario”, por eso hoy te pido, que derrames tu bondad sobre mí, y me bendigas con un trabajo. Padre provéeme un trabajo digno y bien remunerado, con el que yo pueda cubrir todas mis necesidades. Tú mismo has dicho que tú vistes los lirios del campo, y das de comer a las aves de los cielos, con cuanta más razón no darás a tus hijos.

Gracias Padre porque se estas abriendo las puertas correctas, y realizando las conexiones divinas que proveerán ese empleo.

Prosperidad (Isaías 54)

Padre hoy vengo a ti pidiendo protección por mis finanzas, porque tu prometiste que, aunque el mundo ande en caos, nuestra economía será cuidada, y jamás se ha visto justo desamparado, ni su descendencia que mendigue pan. En tu propia palabra declaraste que, aunque los montes sean quitados y las colinas temblarán, tu misericordia no se apartará de mí, y el pacto de tu paz no será quebrantado. Padre aseguraste que yo estaría lejos de la opresión, y que no debería temer, pues el terror no se acercará a mí. Creo que ensancharas el lugar de mi tienda, y que extiendes las cortinas de mis moradas; declaro que tu harás mis almenas de rubíes, mis puertas de cristal y todos mis muros de piedras preciosas.

Para Sanidad (Job 33:25)

Orar por otros

Señor bueno y misericordioso, tú oidor de la oración, cuyos oídos están prestos para escuchar al justo, por tanto, ahora te imploro presta atención a todas mis palabras. He aquí, ahora abro mi boca, en mi paladar habla mi lengua, del polvo del suelo nos formaste, El hombre es castigado también con dolor en su lecho, y con queja continua en sus huesos, mas hoy te suplico, libra el alma de (nombre) de la fosa y su vida de pasar al Seol, declara sobre (nombre) oh señor lo que es bueno, líbrale de la muerte y déjale hallar rescate; que su carne se vuelva más tierna que en su juventud, y que regrese a los días de su vigor juvenil, para que vea con gozo tu justicia, y glorifique su alma al Excelso Soberano, sea (nombre) iluminado con la luz de la vida, a ti hago hoy esta petición.

Orar por uno mismo

Señor bueno y misericordioso, tú oidor de la oración, cuyos oídos están prestos para escuchar al justo, por tanto, ahora te imploro presta atención a todas mis palabras. He aquí, ahora abro mi boca, en mi paladar habla mi lengua. Mis palabras proceden de la rectitud de mi corazón, del polvo del suelo me formaste oh mi hacedor, El hombre es castigado también con dolor en su lecho, y con queja continua en sus huesos, mas hoy te suplico, libra mi alma de la fosa y mi vida de pasar al Seol, declara sobre mi oh Señor lo que es bueno, líbrame de la muerte y déjame hallar rescate; que mi carne se vuelva más tierna que en mi juventud, y que regrese a los días de mi vigor juvenil, para que vea yo con gozo tu justicia, y glorifique mi alma al Excelso Soberano, sea yo iluminado con la luz de la vida, a ti clamo oh Dios.

Cuando el dolor no te deja avanzar (Filipenses 3: 13) (Lucas 9:62)

Padre dicho está en tu palabra, que debemos olvidar lo que queda atrás y seguir extendiéndonos a lo que está delante. Ayúdame Señor a desprenderme de todo lo que ha causado perturbación a mi alma, y ayúdame a seguir con pasos agigantados hacia la meta. Padre tu hijo Jesús dijo, que nadie, que después de poner la mano en el arado mira atrás, es apto para el reino de Dios; yo quiero ser acepto y ganarme la corona de la vida; por eso te pido seas tú mi ayudador, mi fortaleza y plaza fuerte; dale paz y regocijo a mi alma, susténtame, lléname de tu presencia para que no haya cabida a malos pensamientos, a malos deseos, ni a sentimientos incorrectos en mi vida; que tu paz abunde y sobreabunde en mi corazón. Te amo Dios.

Para triunfar en los estudios

(Proverbios 22:6)

Orar por nuestros hijos

Padre tú nos has encomendado que enseñemos al niño el camino en que debe andar, y aun cuando sea viejo no se apartará de él. Por eso te pido que guíes a mi hijo para que siga las buenas enseñanzas que se le han dado, tanto espirituales como seglares; has que encuentre deleite en tu palabra, y en toda palabra que lo instruya, para que sea sabio en su proceder; amplía su mente y su conocimiento, y dale la sabiduría y el entendimiento necesario para culminar con éxito sus estudios.

Orar por nosotros mismos

Padre tú has dicho que si escucho y presto atención a las palabras sabias, las cuales me instruyen por el camino en que debo andar, aun cuando sea viejo no me apartaré de él. Por eso te pido que coloques en mi un corazón dispuesto a seguir las buenas enseñanzas, tanto espirituales como seglares; has que encuentre deleite en tu palabra, y en toda palabra que me instruya, para que sea sabio en mi proceder; amplía mi mente y mi conocimiento, dame sabiduría y el entendimiento necesario, y enséñame disciplina y orden para culminar con éxito mis estudios.

Contra la timidez (Jueces 6:12)

Padre amado, ciertamente he sido como Gedeón, he aquí me he considerado, como alguien pequeño, pero hoy me levanto para pedirte que, así como el ángel de Jehová se le apareció, y le dijo: Jehová está contigo, varón esforzado y valiente. Dame esa fortaleza y has de mí una persona valiente, segura de mi misma, como lo hiciste con él, que no haya cabida al temor en mi vida, esfuérzame, dame de tu paz y de tu valor.

Para los ancianos que se sienten solos (Salmos 37)

Padre de las eternas misericordias, tú mismo proferiste en tu palabra, que si cayera algún día, no quedaría derribado, porque es el SEÑOR quien sostendría mí mano.

Hoy dirijo mi mirada hacia el cielo, Dios, Yo fui joven, y ya soy viejo, y no he visto al justo desamparado, ni a su descendencia mendigando pan, Porque tú amas la justicia, y sé que no abandonas a tus hijos, pues tú los preservas para siempre. Padre hoy encomiendo a ti mi camino, confiando en que tú actuarás en mi vida como el Padre amoroso que siempre cuido de mí; hoy las canas invaden mi cabeza, más recuerdo que tú no cambias, porque eres el mismo ayer, hoy y siempre; pongo mi confianza en ti, y esperaré con paciencia tu voluntad en mi vida. Sé que no dejas solo al justo, y que siempre serás mi fortaleza en el tiempo de la angustia. Hoy quiero alabar y bendecir tu nombre, Gracias Padre porque sé que cuidas de mí.

Para las mujeres y madres abandonadas (Isaías 54)

Mi creador y mi hacedor, hoy mis ojos miran hacia ti pidiéndote que no olvides tus palabras, eres un Dios justo y cumplidor, tú has dicho en ella que no tema, pues no seré avergonzada; ni me sienta humillada, pues no seré agraviada; sino que me olvidaré de la vergüenza y del oprobio no me acordaré más. Porque como a mujer abandonada y afligida no seré más vista, porque mi esposo eres tu mi Hacedor, y mi Redentor no es hombre sino el Santo de Israel, aquel que me ha llamado y con gran compasión me recogió. Gracias Señor porque tú me restituyes, devuelves mi dignidad, y me llenas de confianza, paz y esperanza.

Contra la esterilidad (Isaías 54:1-3)

Padre tú que eres el creador de todo cuanto existe y dador de la vida, clamo a ti suplicando mires mi condición y veas a bien cambiarla, yo hoy tomo posición frente a tu palabra y declaro para mí lo que dices en Isaías, que tú me extenderás hacia la derecha y hacia la izquierda; y mi descendencia poseerá naciones, y poblarán ciudades desoladas.

Declaro que yo gritaré de júbilo, y no seré más llamada la estéril, sino aquella la que ha dado a luz; prorrumpiré en gritos de júbilo y clamaré en alta voz, la que no había estado de parto; hoy es madre de multitudes.

Para los hijos abandonados (Salmo 139:16)

Señor mi Dios, tú mismo has dicho que tus ojos vieron mi cuerpo en formación; todo eso estaba escrito en tu libro. Habías señalado los días de mi vida cuando aún no existía ninguno de ellos. Me cuidaste desde que fui un embrión en el cuerpo de mi madre, desde siempre me has amado; sé que continúas guardándome como en aquel día en que me formaste, y que con infinita misericordia diriges mis pasos; nunca he estado solo(a) porque desde la eternidad tú me has resguardado; gracias Señor porque has sido padre y madre para mí. Tú eres mi sustentador, mi alto refugio, mi guía y plaza fuerte, eres mi todo. Tu amor ha sido suficiente para mí. Gracias mi Padre amado.

Hombres que son rechazados (2 Samuel 9)

Padre si una vez fui despreciado igual que Mefiboset, hoy te pido inclines tu rostro hacia mí, y ten misericordia por amor a tu nombre. Saca mis pies de Lodebar y devuélveme la dignidad como lo hiciste con él. Llámame a tu mesa como a uno más de tus hijos; y que tu gracia abunde y sobreabunde sobre mí vida. Devuélveme todo lo que me fue quitado, hoy recibo tu paz, tranquilidad y consuelo en mi alma.

Perdida de un hijo (Juan 5:25)

(Eclesiastés 9:5) (Apocalipsis 21:4)

Padre Celestial, sabes lo que se siente cuando se pierde a un hijo, porque Tú viste morir a tu hijo amado; por eso hoy te pido traigas paz a mi alma y consuelo a mi ser. Yo creo en la resurrección de los muertos y creo que, así como le devolviste la vida a tu hijo Jesús, yo algún día tendré la oportunidad de reencontrarme con el mío. En tu palabra me enseñas que ya no siente dolor ni tristeza. Gracias Padre porque sé que ahora tú te encargaras de él, por eso mientras llegue mi momento, se Tú mi sustentador, y mi plaza fuerte. Creo en tu palabra cuando dices que pronto borrarás toda lágrima de mis ojos, y ya no habrá muerte, ni habrá más duelo, ni clamor, ni dolor, porque todas esas cosas quedarán en el pasado. Quédate conmigo, y que tu misericordia y amor me envuelvan.

Cuando nos tienden una trampa

(Salmos 141:8,10)

Inclina Señor tu oído hacia tu siervo(a), Padre Celestial sálvame de los que se han levantado contra mí. Sea puesta mi oración delante de ti como incienso, porque mis ojos miran hacia ti confiando en tu respaldo. Querido Dios en tu fidelidad me refugio, no me desampares. Guárdame de la trampa que me han tendido, y de los lazos de los que hacen iniquidad. Caigan los impíos en sus propias redes, mientras yo paso a salvo. Se tu un escudo en derredor mío, y no tema mi alma a los que se airaron contra mí, porque sé que eres un Dios justo y pagas a cada uno conforme a sus obras. Haga juicio el Señor entre ellos y yo, y no sea dado por injusto al justo. Alabado sea tu nombre por toda la eternidad. Guárdame de las trampas.

Cuando nos levantan chismes o nos calumnian

(Salmo 105) (1 Pedro 3:16) (Proverbios 12:22) (Salmo 101:5) (Mateo 5:11)

Padre eterno y misericordioso, sé que tus juicios están en toda la tierra y que odias al de lengua mentirosa. Que miras desde el cielo y observas a todos los que habitan la tierra; Tu eres quien escudriñas nuestros corazones pues fuiste tú el que lo formó. Padre cuando tu pueblo Israel eran pocos en número, forasteros y vagaban de nación en nación, y de un reino a otro pueblo, Tú no permitiste que nadie los oprimiera, y por amor a ellos reprendiste a reyes, diciendo: No toquéis a mis ungidos, ni hagáis mal a mis profetas. Hoy clamo a ti como parte de tu pueblo, suplicándote que tengas a bien limpiar el nombre de tu siervo(a), Tú has declarado que los labios mentirosos son abominación al SEÑOR, pero los que obran fielmente son su deleite. Deshaz toda calumnia que han levantado contra mí. Tú mismo decretaste que no anduviéramos de calumniador entre tu pueblo; ni hiciéramos nada contra la vida de nuestro prójimo. Prometiste destruir al que en secreto calumnia a su prójimo y no tolerar al de ojos altaneros y de corazón arrogante. Destruye toda artimaña, todo complot, toda falsedad que han proferido en mi contra. Mantén sellados mis labios y que mi corazón sepa esperar en ti. Se Tú mi defensor y ayúdame a tener buena conciencia, para que sean avergonzados los que difaman mi buena conducta, porque tú mismo has dicho Bienaventurados seréis cuando os insulten y persigan, y digan todo género de mal contra vosotros falsamente, por causa de mí. Bienaventurado seré porque tú eres el juez de mi justa causa y no prevalecerá el mentiroso. Te doy gracias SEÑOR, porque eres bueno; porque para siempre es tu misericordia. Tú eres escudo en derredor mío, mi gloria, y el que levanta mi cabeza. Si tu estas a mi favor ¿Qué puede hacerme el hombre? Miraré triunfante sobre los que me aborrecen y calumnian, porque tu despliegas tu poder y me salvas de la furia de mis opresores. Porque el Señor cuida siempre de quienes lo honran y confían en su amor. Que tu amor Señor siempre me acompañe y tu justicia sea manifestada.

¿A quién tengo yo en los cielos, sino a Ti? Fuera de Ti, nada deseo en la tierra.

Salmos 73:25

Referencia Páginas web

http://www.wordreference.com
https://es.wikipedia.org/wiki/
http://bibliaparalela.com/

Printed by Books on Demand GmbH, Norderstedt / Germany